かんたん、おいしい

米粉のクッキー

米粉料理家
高橋ヒロ

池田書店

米粉「だから」かんたん、おいしい。

サクサク、ホロホロ、カリカリ、しっとり。
クッキーボックスにつまった、さまざまな食感のクッキーたち。
いくら食べても飽きのこない、軽やかなおいしさ。
体にやさしく、それでいて、作るのはとてもかんたん。

そんなクッキーを「米粉」で作ることができたら。
そして、米粉に慣れていない人にも、気軽に米粉のクッキーを作ってもらいたい。
こんな想いから、この本は生まれました。

米粉といえば、「体にやさしい」というイメージと同時に、扱いがむずかしそう……
と苦手意識をもっている方も多いかもしれません。
実は、クッキー作りに関しては、むしろその「逆」。
米粉で作るクッキーは、かんたんで、扱いやすく、失敗しづらいのです。

本書に登場するクッキーのほとんどは、作業時間10分で作れるレシピです。
Part.1の「オイルで作る米粉クッキー」においては、粉をふるったり、バターをや
わらかくしたりする手間もかかりません。

1 米粉以外の材料をぐるぐる混ぜる→2 米粉を入れて、生地をまとめる

以上の2ステップで、生地が完成。
小麦粉と違って、ダマになったり、混ぜすぎて食感が悪くなったりする心配もな
いので、お菓子作りがはじめての方でも上手に作れます。

そして何よりこだわったのが、米粉「だけど」おいしい、ではなく、米粉「だから」
おいしい、ということ。
サクッと軽く、ホロホロと口溶けがよく、ときにはカリカリ、またはしっとりと。
「米粉クッキー」とひとくくりにはできないほど、さまざまな食感、味わいのクッキ
ーをこの1冊につめ込みました。
クリアな口溶けと、しみじみとした甘みは、米粉のもち味です。

もちろん、米粉はグルテンフリー。
小麦を控えている方や、アレルギーのあるお子さまへの贈り物にもよろこばれます。
作る人にも、食べる人にもやさしい米粉のクッキー。
あなたの毎日に、そっと寄り添う存在になれば幸いです。

高橋ヒロ

米粉クッキーが「やさしい」6つの理由

米粉クッキーは、作る人にも、食べる人にも「やさしい」お菓子です。
知れば知るほど好きになる、米粉クッキーの6つの魅力をご紹介します。

理由 1 何よりとにかく、作りやすい。

米粉はクッキー作りにとても適した素材です。米粉の最大のメリットは、「グルテン」という成分が発生しないこと。グルテンには生地に弾力と粘りを与える性質がありますが、混ぜすぎると食感がかたくなってしまうという側面も。小麦粉にはグルテンが含まれているので、小麦粉で作るクッキーは生地の混ぜ方に多少のコツが必要です。

一方、米粉にはグルテンが含まれません。そのため、たとえ混ぜすぎたとしても生地の食感は損なわれず、誰でもサクホロッと食感のよいクッキーが作れるのです。

お菓子作りがはじめての方でも大丈夫。ごはんを炊くように気軽に、米粉クッキーが作れるようになりますよ。

ときにサクサク、ときにしっとり。

何種類もの米粉クッキーを缶につめてプレゼントすると、「本当に、これ全部が米粉なの!?」と、食べた人が口をそろえておどろきます。米粉のクッキーといえばポリポリとかたいもの、というイメージをもっていた人は、その多様な食感、味わいにおどろくようです。

たしかに、カリッと軽い歯ごたえは米粉の得意とするタイプのクッキーです。しかし、加える材料や比率を少し工夫すれば、どんな食感のクッキーでも米粉で作ることができます。小麦粉で作るようなサクサクとしたクッキーも、しっとりとリッチなクッキーもお手のもの。米粉とは、実に使い勝手のいい素材なのです。本書では、レシピページにそれぞれのクッキーの食感を示す「食感マーク」を記載しています。作りたいクッキーを選ぶときの参考にしてください。

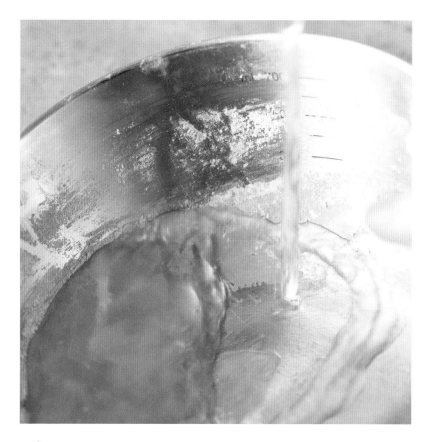

理由 3 準備も、後片付けも、サラリとラクラク。

お菓子を作るうえで意外と面倒なのが、準備と後片付け。粉をふるっては散らかり、洗い物をしては散らかり……。そんな手間がかからないのも、米粉の利点。米粉は粒子がとても細かく、ダマになりにくい性質です。そのため小麦粉のようにふるいにかける必要はなく、袋からそのままバサッと加えてOK。材料を次々とワンボウルで混ぜていくだけなので、洗い物も最小限で済みます。それでいて、水に溶けやすい性質なので、洗うのも楽。ボウルにこびりつきにくく、水やお湯でサラリと流れてくれます。
準備も後片付けもラクラク。これなら、何の気負いもなく毎日でもクッキーが作れそうですね。

理由4 「おいしい」。だって米ですもの。

かんたん、ラクチンなだけではありません。何より知ってもらいたいのは、「米粉っておいしい！」ということ。

たとえば、最近人気の「米粉パン」。甘くてもっちりとしたおいしさは、材料である米自体のおいしさのたまもの。同様に米粉クッキーも、米そのもののおいしさをいかしたお菓子なのです。

米の甘み、うまみが感じられるので、バターなしで作っても物足りないなんてことはありません。風味豊かで、しみじみおいしいクッキーに仕上がります。

また、特筆すべきはその口溶けのよさ。米粉は小麦粉よりも水に溶けやすい性質をもつので、口の中でスッと溶けるよう。ついもう1枚、といくらでも食べたくなる軽やかさです。

理由
5　体にやさしいは、心にやさしい。

米粉は、近年話題の「グルテンフリー」食材です。そのため米粉クッキーは、小麦アレルギーやグルテン過敏症の方でも安心してお召し上がりいただけます。
さらに、米粉には糖質、ミネラル、ビタミンB類、食物繊維など、体に必要な栄養素がバランスよく含まれています。小麦に比べて消化がゆるやかなので、食後血糖値の上昇もおだやかだといわれています。ダイエット中の方や、健康を気にされる方にもうれしい食材です。
米粉クッキーは、家族全員がおいしく食べられる「体にやさしい」おやつ。安心して食べられるから、体も、心もよろこびます。

理由 6 米粉クッキーは「よろこばれる」贈り物。

前述のように、小麦アレルギーの心配がない米粉クッキーは、贈り物にも重宝します。

食感が軽く、食べやすいのもうれしいポイント。あっさりとした後味で、甘いものが苦手な方や、お年を召した方にもよろこばれます。もちろん、甘党の方にとっては、毎日食べても安心な「ギルトフリー」おやつとしてよろこばれることでしょう。

さらに本書では、卵・乳製品不使用のクッキーを多数ご紹介しています。アレルギーをおもちの方はもちろん、健康を気にかけている方へもってこい。

どんな人でも安心して食べられる米粉クッキーは、日ごろの「ありがとう」を伝える最高の贈り物になってくれることでしょう。

contents

マークについて

・各レシピページには、以下の内容を示すマークがついています。

 材料に卵または乳製品が含まれているかを示すマークです。

 クッキーの食感を示すマークです。

この本のきまり

・米粉は種類や製粉方法によって、必要な水分量や加熱時間が異なる場合があります。焼き色が薄いようだったら焼き時間を延長し、生地がゆるい場合は米粉を小さじ1ずつ増やしてください。

・本書で使用している調味料について、植物油は香りの少ない植物性のオイル（米油や太白ごま油など）、砂糖はきび砂糖、塩は自然塩を使用しています。

・本書で使用している製菓用パウダーや野菜パウダーは、乳製品不使用のものを使用しています。

・材料に無調整豆乳とあるものは牛乳に、牛乳とあるものは無調整豆乳に置き換えられます。

・電子レンジの加熱時間は600Wを基準としています。500Wの場合は加熱時間を1.2倍、700Wの場合は0.8倍してください。

・電子レンジやオーブンは機種により加熱時間が異なるので、取扱説明書の指示に従い、様子を見ながら調理してください。

米粉クッキーの道具と材料

少ない道具とシンプルな材料で作れるのも、米粉クッキーの魅力のひとつ。
あまり構えずに、身近にある道具や材料で米粉クッキー作りを始めてみてくださいね。

まずは、主役の「米粉」について。

米粉クッキーの主役はもちろん「米粉」。国産のグルテンフリー食材で、
多くの方が安心してお召し上がりいただけます。
本書のレシピは、すべて「波里 お米の粉 お料理自慢薄力粉」を使用して
います。全国のスーパーで比較的よく見かけ、手に入りやすい米粉です。
米粉はメーカーによって原料となる米の種類や製粉方法が異なります。
使用するものによっては仕上がりにバラつきが出る場合がありますが、
多少の食感の差や色づき方の違いなども、クッキーの個性としておいしく楽し
める範疇です。ぜひお好みの米粉で試してみてください。
生地がゆるくなってしまうときは、分量より米粉を大さじ1ずつ足してみるのも
いいでしょう。そんなおおざっぱな作り方でも、十分おいしくできるのが米粉ク
ッキーの不思議なところ。ざざっと作って、ちゃんとおいしい。そんなゆる〜い
付き合い方ができる、ふところの深さが米粉クッキーの魅力です。

「萬藤 料理・ケーキ用米粉
（左）」「もへじ 米粉（右）」も
製造元は同じ。パッケージ
は異なりますが、「お米の
粉」と同様の米粉です。

食感を左右するのが、「バター」「オイル」etc.

米粉クッキーとひとくちにいっても、ホロホロ、ザクザク、しっとりと、あらゆる
食感のクッキーを作ることが可能です。

食感を左右するポイントのひとつが、まず「油脂」。植物性のオイルを使うと、サ
クッと軽い食感や、カリッとした歯ごたえのクッキーに。バターを使うと、ホロッ
とほどけるような食感や、ザクッと層を感じる食感のクッキーに仕上がります。

また、本書のレシピには砂糖の他に、メープルシロップもよく登場します。奥行
きのある甘さを加えられるだけでなく、クッキーをカリッと軽やかな食感に仕上
げる役割も。その他にも、牛乳や無調整豆乳を加えたり、アーモンドプードルを
混ぜ込んだりして、食感や風味にバリエーションを与えています。

素朴でやさしい米粉という素材だからこそ、合わせる材料によってクッキーの
表情ががらりと変わるのです。

「これさえあれば」の道具5選。

クッキーはとてもシンプルなお菓子です。お菓子作りがはじめて、という方でも
挑戦しやすく、少ない道具で作ることができます。

最低限そろえておきたい道具は、①**ボウル**がひとつ。大きすぎない、容量が
1000ml程度のもので十分です。②**泡立て器**、③**ゴムベラ**。こちらも材料を混
ぜるだけなので、コンパクトなものでOK。そして、生地を焼くのに必要な④**天
板**と⑤**オーブン用シート**。まずはこの5つの道具をそろえれば、本書に登場する
ほとんどのレシピが作れます。

あると便利なのは、生地を平らにのばすめん棒や、絞り袋。ない場合でも、手のひ
らや瓶の底でのばしたり、ビニール袋で絞り出したりと代用可能です。ほとんど
の道具が100円ショップで手に入るので、少しずつ集めていくのもいいでしょう。
道具がなくても、おおざっぱでも、雑なくらいでちょうどよい。そんなふうに気
負わず気軽に、クッキー作りを楽しんでもらえたら幸いです。

オイルで作る
米粉クッキー

part.1

植物性のオイルと米粉は、相性抜群のパートナー。
米粉本来の甘みや素朴なうまみを、
オイルがそっと引き立ててくれるのです。
何よりうれしいのは、扱いがとても楽なこと！
バターのように練ったり溶かしたりする必要がなく、
材料とぐるぐる混ぜ合わせるだけで生地ができ上がります。
生地を冷蔵庫で冷やす工程もいらないので、
魔法のようにあっという間にクッキーが焼き上がります。
それでいて、味もとびきりおいしい。いくつ食べても
もたれないので、食べすぎてしまうのが玉に瑕です。

オイルの型抜きクッキー

Oil Cut-out Cookies

（乳なし）（サクホロ）

サクッと軽くじんわり甘い、正直なおいしさ。口溶けのよさは米粉ならではの魅力です。
シンプルなレシピで、思い立ったらいつでも気軽に作れます。

材料（4×4㎝を約16枚分）

米粉　80g

A　┌　砂糖　40g
　　│　植物油　35g
　　│　全卵　1/2個分（25g）
　　│　アーモンドプードル　20g
　　│　片栗粉　10g
　　└　塩　ひとつまみ

準備

・オーブンを170℃に予熱する。天板に
　オーブン用シートを敷く。

作り方

1　ボウルにAを入れ、泡立て器でよく混ぜる。

2　米粉を加えてゴムベラで混ぜ、ひとかたまりにまとめる。耳たぶほどのかたさになれば○K（生地がゆるいときは、米粉を小さじ1ずつ加えて調整する）。

3　オーブン用シートにのせ、めん棒で5㎜ほどの厚さにのばす。好みの型で抜き、天板に並べる。

4　170℃のオーブンで約20分焼く（うっすらと焼き色がつくくらい）。網にのせて冷ます。

1

2

3

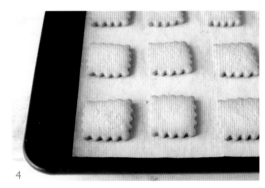
4

point
オイルの生地は冷蔵庫で冷やす必要がないので、思いついたらすぐに作れるのが魅力。急な手土産や、ケーキのトッパーなどにも便利です。

オイルの型抜きクッキーアレンジ

レモンアイシングクッキー

Glazed Lemon Cookies

乳なし　サクホロ

ほんのりとレモンの香る、爽やかなクッキー。
キュンと酸っぱいアイシングでおめかしさせて。

材料（直径4.5cmを約26枚分）

米粉　80g

A　｜　砂糖　40g
　　｜　植物油　35g
　　｜　全卵　1/2個分（25g）
　　｜　アーモンドプードル　20g
　　｜　片栗粉　10g
　　｜　レモンの皮（すりおろす）　1個分
　　｜　塩　ひとつまみ

〈レモンアイシング〉
粉糖　40g
レモン汁　8g

準備

・オーブンを170℃に予熱する。天板にオーブン用シートを敷く。

作り方

1　オイルの型抜きクッキー（P.20）の作り方4まで進める。

2　レモンアイシングを作る。ボウルに粉糖を入れ、レモン汁を加えて泡立て器でよく混ぜる。

3　レモンアイシングをスプーンでクッキーに塗り広げ、しっかりと乾かす。

オイルの型抜きクッキーアレンジ

シナモンジンジャークッキー

Cinnamon Ginger Cookies

素朴な米粉だからこそ、シナモン＆ジンジャーの香りが引き立ちます。
クリスマスの贈り物にも最適。

材料（5×4.5cmを約25枚分）

米粉　80g

A　黒糖（粉状）　40g
　　植物油　35g
　　全卵　1/2個分（25g）
　　アーモンドプードル　20g
　　片栗粉　10g
　　ジンジャーパウダー　小さじ1/2
　　シナモンパウダー　小さじ1
　　塩　ひとつまみ

準備

・オーブンを170℃に予熱する。天板にオーブン用シート
　を敷く。

作り方

1　オイルの型抜きクッキー（P.20）と同様に作る。

絞り出しクッキー

Squeezed Cookies

きらきら光るジャムが宝石のよう。クッキー缶のアクセントにぜひ入れたい、おめかしクッキーです。
しっとり、やさしい食感を楽しんで。

材料（直径3.5cmを約35枚分）

米粉　80g

A｜メープルシロップ　50g
　｜全卵　1個分（50g）
　｜植物油　30g
　｜アーモンドプードル　20g
　｜塩　ひとつまみ

いちごジャム　適量

アプリコットジャム　適量

準備

・オーブンを170℃に予熱する。天板に
　オーブン用シートを敷く。
・絞り袋に直径1.5cmの星口金をつける。

作り方

1　ボウルにAを入れ、泡立て器でよく混ぜる。

2　米粉を加えてよく混ぜ、絞り袋に生地を入れる。

3　天板の上に生地を絞り出す。直径3.5cmほどの円を描くように、等間隔に絞る。

4　170℃のオーブンで10分焼く。一度取り出し、スプーンで生地の中心にジャムを少量のせ、再びオーブンに入れ10分焼く（うっすらと焼き色がつくくらい）。網にのせて冷ます。

1

2

3

4

point
絞り袋や星口金がない場合は、保存袋の端を
切ったものでも代用できます。

絞り出しクッキーアレンジ

アールグレイクッキー

Earl Grey Cookies

口に入れたとたん、ふわっと広がる紅茶の香りにうっとり。
お好みの茶葉でアレンジしても◎。

乳なし｜しっとり

材料（4×3cmを約25枚分）

米粉　80g

A　メープルシロップ　50g
　　全卵　1個分（50g）
　　植物油　30g
　　アーモンドプードル　20g
　　アールグレイ茶葉（粉末）　3g
　　塩　ひとつまみ

準備

・オーブンを170℃に予熱する。天板にオーブン用シート
　を敷く。
・絞り袋に直径1.5cmの星口金をつける。

作り方

1　絞り出しクッキー（P.24）の作り方2まで進める。

2　天板の上に生地を4cmほどの長さの波状に絞る。

3　170℃のオーブンで約20分焼く。網にのせて冷ます。

絞り出しクッキーアレンジ

ココアカルダモンクッキー

Cocoa Cardamom Cookies

ココアにカルダモンの華やかな香りをまとわせて、よそゆきの味わいに。
さっぱりとしているのにリッチな、お気に入りのクッキーです。

乳なし｜しっとり

材料（長さ3cmを約75枚分）

米粉　70g

A　メープルシロップ　50g
　　全卵　1個分（50g）
　　植物油　30g
　　アーモンドプードル　20g
　　純ココア　5g
　　カルダモンパウダー　5g
　　塩　ひとつまみ

準備

・オーブンを170℃に予熱する。天板にオーブン用シート
　を敷く。
・絞り袋に1.5cmの片目口金をつける。

作り方

1　絞り出しクッキー（P.24）の作り方2まで進める。

2　天板の上に生地を3cmほどの長さに絞る。

3　170℃のオーブンで約20分焼く。網にのせて冷ます。

ラングドシャクッキー

Langues de Chat Cookies

サクカリ

オイルを使わず生クリームで作る、清楚でシンプルなクッキーです。
カリッと軽いので、いくらでも食べられそう。

材料（直径3.5cmを約30枚分）

米粉　40g
A　生クリーム　40g
　　卵白　1個分（35g）
　　砂糖　30g
　　アーモンドプードル　10g
　　塩　ひとつまみ

準備

・オーブンを160℃に予熱する。天板に
　オーブン用シートを敷く。
・卵白は直前まで冷やしておく。
・絞り袋に直径1.5cmの丸口金をつける。

作り方

1　ボウルにAを入れ、泡立て器でよく混ぜる。

2　米粉を加えてよく混ぜ、絞り袋に生地を入れる。

3　天板の上に生地を丸く絞る。

4　160℃のオーブンで約20分焼く（うっすらと焼き色がつ
　くくらい）。網にのせて冷ます。

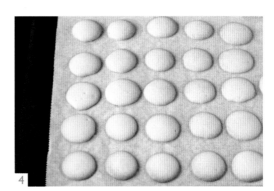

ラングドシャクッキーアレンジ

ラングドシャサンド（ココア/抹茶）

Langues de Chat Sandwiches（Cocoa /Matcha）

サクカリ

ラングドシャにほろにがいココアや抹茶を混ぜ込んで、大人もよろこぶチョコサンドに仕立てました。
シックな色合いで、クッキー缶のアクセントにも。

材料（ココア／直径3cmを約15個分）

米粉　35g

A　　生クリーム　40g
　　　卵白　1個分（35g）
　　　砂糖　30g
　　　アーモンドプードル　10g
　　　純ココア　5g
　　　塩　ひとつまみ

チョコレート　30g

材料（抹茶／直径3cmを約15個分）

米粉　40g

A　　生クリーム　40g
　　　卵白　1個分（35g）
　　　砂糖　30g
　　　アーモンドプードル　10g
　　　抹茶パウダー　3g
　　　塩　ひとつまみ

ホワイトチョコレート　30g

準備

・オーブンを160℃に予熱する。天板にオーブン用シート
　を敷く。
・卵白は直前まで冷やしておく。
・絞り袋に直径1.5cmの丸口金をつける。

作り方

1　ラングドシャクッキー（P.28）の作り方4まで進める。

2　耐熱容器にチョコレート（またはホワイトチョコレート）を
　入れ、600Wの電子レンジで20秒ずつ、様子を見な
　がら溶けるまで加熱し、よく混ぜる。

3　クッキーの裏面に溶かしたチョコレートを適量のせ、
　もう1枚のクッキーではさむ。室温が高い時期は、チ
　ョコレートが固まるまで冷蔵庫で冷やす。

米粉クラッカー
Rice Flour Crackers

かめばかむほど米粉の味わいを感じられる、シンプルな配合です。
ほんのりとした塩気と米粉の甘さで、飽きのこないおいしさ。

材料（1×8cmを約25枚分）

米粉　80g
A 　植物油　30g
　　アーモンドプードル　20g
　　水　20g
　　砂糖　15g
　　塩　小さじ1/3

準備

・オーブンを170℃に予熱する。天板に
　オーブン用シートを敷く。

作り方

1　ボウルにAを入れ、泡立て器でよく混ぜる。米粉を
　　加えてゴムベラでよく混ぜる。

2　手でぎゅっと押し付けるようにし、ひとかたまりにま
　　とめる。

3　オーブン用シートにのせ、めん棒で5mmほどの厚さに
　　のばす。包丁で約1×8cmの棒状に切り、天板に並べ
　　る。

4　170℃のオーブンで約25〜30分焼く（うっすらと焼き色
　　がつくくらい）。網にのせて冷ます。

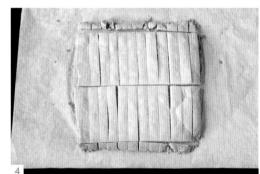

米粉クラッカーアレンジ
みそクラッカー
Miso Crackers

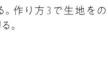

こっくり、しみじみと味わい深いみそ味のクラッカー。おつまみにも、お茶請けにも！

材料（2.5×4cmを約25枚分）

米粉　80g
A｜植物油　30g
　｜アーモンドプードル　20g
　｜水　20g
　｜砂糖　15g
　｜みそ　小さじ2
　｜黒いりごま　小さじ1/2

準備

・オーブンを170℃に予熱する。天板にオーブン用シートを敷く。

作り方

1　米粉クラッカー（P.32）と同様に作る。作り方3で生地をのばしたあと、包丁で約2.5×4cmに切る。

米粉クラッカーアレンジ
カレークラッカー
Curry Crackers

カリッと軽い食感とスパイシーな香りで、ビールのお供に最高。お子さま受けも抜群です。

材料（2×2cmを約35枚分）

米粉　80g
A｜植物油　30g
　｜アーモンドプードル　20g
　｜水　20g
　｜砂糖　15g
　｜カレー粉　小さじ1/2
　｜クミンパウダー　小さじ1/4
　｜塩　小さじ1/3
カイエンペッパー　適量

準備

・オーブンを170℃に予熱する。天板にオーブン用シートを敷く。

作り方

1　米粉クラッカー（P.32）と同様に作る。作り方3で生地をのばしたあと、カイエンペッパーを散らし、包丁で約2×2cmのひし形に切る。

米粉クラッカーアレンジ
山椒クラッカー
Sansho Crackers

和の素材・山椒と米粉は相性ばっちり。爽やかな香りに誘われて、手が止まりません。

材料（3×3cmを約28枚分）

米粉　80g
A｜植物油　30g
　｜アーモンドプードル　20g
　｜水　20g
　｜砂糖　15g
　｜山椒（粉）　小さじ1/2
　｜白いりごま　小さじ1/2
　｜塩　小さじ1/3

準備

・オーブンを170℃に予熱する。天板にオーブン用シートを敷く。

作り方

1　米粉クラッカー（P.32）と同様に作る。作り方3で生地をのばしたあと、包丁で約3×3cmに切る。

スノーボールクッキー

Snowball Cookies

ホロッとほどける食感は、グルテンが含まれない米粉だからなせる技。
口に入れた瞬間になくなる、雪のような口溶けにうっとり!

材料（直径2cmを約30個分）

米粉　100g
A　植物油　70g
　　砂糖　40g
　　アーモンドプードル　20g
　　塩　ふたつまみ
粉糖　大さじ2

準備

・オーブンを170℃に予熱する。天板に
　オーブン用シートを敷く。

作り方

1　ボウルにAを入れて泡立て器でよく混ぜる。

2　米粉を加え、ゴムベラでよく混ぜる。

3　小さじでこんもりと1杯すくい、手のひらでキュッと
　まとめて丸め、天板に並べる。170℃のオーブンで約
　20分焼く（裏面にも焼き色がつくくらい）。

4　網にのせて冷まし、粉糖をまぶす。

1

2

3

4

スノーボールクッキーアレンジ

スノーボールクッキー (抹茶/いちご/きなこ)

Snowball Cookies (Matcha / Strawberry / Kinako)

ほろにがい抹茶、甘酸っぱいいちご、ほろりと香ばしいきなこ。
やさしい3色のスノーボールクッキーから、お気に入りを見つけてください。

材料 (抹茶/直径2cmを約30個分)

米粉　100g

A　植物油　70g
　　砂糖　40g
　　アーモンドプードル　20g
　　抹茶パウダー　3g
　　塩　ふたつまみ

B　粉糖　大さじ2
　　抹茶パウダー　小さじ1

材料 (いちご/直径2cmを約30個分)

米粉　100g

A　植物油　70g
　　砂糖　40g
　　アーモンドプードル　20g
　　いちごパウダー　3g
　　塩　ふたつまみ

B　粉糖　大さじ2
　　いちごパウダー　小さじ1

材料 (きなこ/直径2cmを約30個分)

米粉　100g

A　植物油　70g
　　砂糖　40g
　　アーモンドプードル　20g
　　きなこ　10g
　　塩　ふたつまみ

B　粉糖　大さじ2
　　きなこ　大さじ1

準備

・オーブンを170℃に予熱する。天板にオーブン用シート
　を敷く。
・Bは混ぜ合わせる。

作り方

1　スノーボールクッキー (P.36) の作り方3まで進める。

2　網にのせて冷まし、Bをまぶす。

ビスコッティ

Biscotti

「二度焼いた」という意味の、ザクザク香ばしいイタリアの定番お菓子。
米粉で作ることで、食感が絶妙に軽くなります。やみつきになるおいしさ。

材料（2.5×8cmを約13枚分）

米粉　100g
A　全卵　1個分（50g）
　　植物油　45g
　　砂糖　40g
　　アーモンドプードル　30g
　　塩　ひとつまみ
くるみ　50g
レーズン　50g

準備

・オーブンを160℃に予熱する。天板に
　オーブン用シートを敷く。

作り方

1　ボウルにAを入れ、泡立て器でよく混ぜる。米粉を
　　加えて粉っぽさがなくなるまでゴムベラで混ぜる。

2　1にくるみとレーズンを加えてさらによく混ぜる。

3　オーブン用シートに生地をのせ、8×20cmほどのか
　　まぼこ状に成形する。

4　160℃のオーブンで約30分焼く（ふちに焼き色がつくく
　　らい）。いったん取り出し、温かいうちに1cmほどの厚
　　さに切る。

5　断面を上にして天板に並べ、180℃のオーブンで約
　　15分焼く（うっすらと焼き色がつくくらい）。網にのせて冷
　　ます。

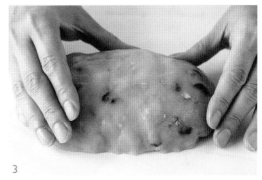

クランベリースパイスビスコッティ

Cranberry Spice Biscotti

クランベリーの酸味と、シナモンの香りが好相性。
オレンジやチェリーなど、好みのドライフルーツにかえても○Kです。

材料（2.5×8cmを約13枚分）

米粉　100g

A　全卵　1個分（50g）
　　植物油　45g
　　砂糖　40g
　　アーモンドプードル　30g
　　シナモンパウダー　小さじ1
　　塩　ひとつまみ

ドライクランベリー　50g

アーモンドスライス　50g

準備

・オーブンを160℃に予熱する。天板にオーブン用シート
　を敷く。

作り方

1　ビスコッティ（P.40）の作り方1で粉っぽさがなくなっ
　　てきたら、ドライクランベリーとアーモンドスライス
　　を加え、さらによく混ぜる。

2　作り方3～5と同様に成形し、焼き上げる。

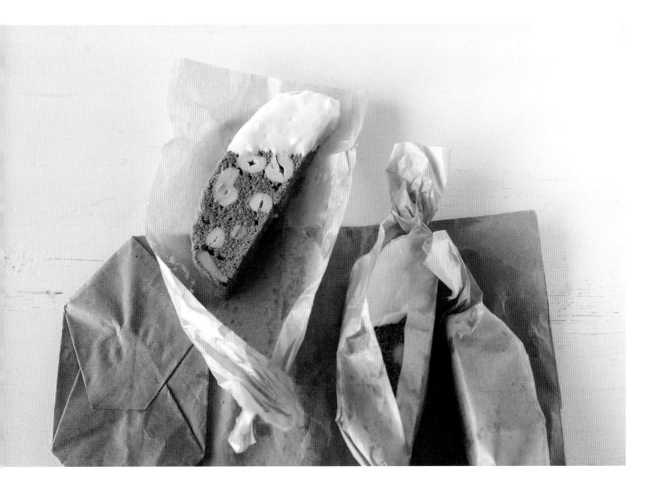

ビスコッティアレンジ

コーヒーカシューナッツビスコッティ

ザク
ザク

Coffee Cashew Biscotti

軽い食感のカシューナッツと、コーヒーの香りがよく合います。
ホワイトチョコレートでおめかしして、贈り物にもよろこばれる一品に。

材料 (2.5×8cmを約13枚分)

米粉　100g

A 　全卵　1個分 (50g)
　　植物油　45g
　　砂糖　40g
　　アーモンドプードル　30g
　　インスタントコーヒー　大さじ1
　　塩　ひとつまみ

カシューナッツ　80g
ホワイトチョコレート　50g

準備

・オーブンを160℃に予熱する。天板にオーブン用シート
を敷く。

・ホワイトチョコレートは耐熱容器に入れ、600Wの電子レ
ンジで20秒ずつ、様子を見ながら溶けるまで加熱する。

作り方

1　ビスコッティ (P.40) の作り方1で粉っぽさがなくなっ
　　てきたら、カシューナッツを加え、さらによく混ぜる。

2　作り方3~5と同様に成形し、焼き上げる。冷めたら
　　ビスコッティの半分にホワイトチョコレートをかける。

フロランタン

Florentines

アーモンドの香ばしさと、ココナッツの香りがたまらなく贅沢。
それでいてバター不使用なので、たくさん食べてももたれません。

材料（3×6cmを約18枚分）

米粉　100g
A　　アーモンドプードル　60g
　　　ココナッツオイル　50g
　　　砂糖　35g
　　　無調整豆乳　35g
　　　片栗粉　30g
　　　塩　ひとつまみ

〈アパレイユ〉
アーモンドスライス　60g
水あめ　40g
ココナッツオイル　30g
無調整豆乳　25g
メープルシロップ　20g

準備

・オーブンを180℃に予熱する。天板に
　オーブン用シートを敷く。
・ココナッツオイルが固まっていたら、
　湯せんで溶かす。

作り方

1　ボウルにAを入れ、泡立て器でよく混ぜる。米粉を
　　加えてゴムベラで混ぜ、ひとかたまりにまとめる。

2　オーブン用シートにのせ、めん棒で18×18cmほどの
　　大きさにのばす。フォークで全体に穴を開け、180℃
　　のオーブンで約15分焼く（ふちに焼き色がつくくらい）。

3　アパレイユを作る。鍋にアーモンドスライス以外の
　　材料を入れて火にかける。フツフツしてきたらゴム
　　ベラで30秒ほど混ぜて火を止め、アーモンドスライ
　　スを加えて混ぜる。

4　2に3をのせ、全体に広げる（アパレイユが冷めて固まっ
　　ていたら再加熱する）。180℃のオーブンで約20分焼く
　　（アパレイユにしっかり焼き色がつくくらい）。

5　温かいうちに、包丁で約3×6cmの長方形に切る。

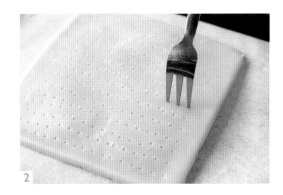

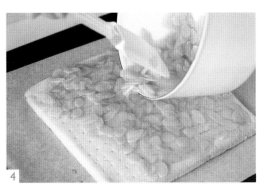

フロランタンアレンジ

ごまフロランタン

Sesame Florentines

ごまをぎゅうぎゅうにつめ込んだ、香り高いフロランタンです。
プチプチした食感がクセになります。

材料（3×6cmを約18枚分）

米粉　100g

A　アーモンドプードル　60g
　　ココナッツオイル　50g
　　砂糖　35g
　　無調整豆乳　35g
　　片栗粉　30g
　　塩　ひとつまみ

〈アパレイユ〉

黒いりごま　40g
白いりごま　40g
水あめ　40g
ココナッツオイル　30g
無調整豆乳　25g
メープルシロップ　20g

準備

・オーブンを180℃に予熱する。天板にオーブン用シート
　を敷く。

・ココナッツオイルが固まっていたら、湯せんで溶かす。

作り方

1　フロランタン（P.44）と同様に作る。作り方3でアーモ
　ンドスライスのかわりに黒いりごま、白いりごまを加
　える。

フロランタンアレンジ

黒糖ピーナッツフロランタン

Brown Sugar Peanut Florentines

黒糖とピーナッツの沖縄風の取り合わせ。
コクのある黒糖と、米粉生地の相性のよさは新発見！

材料（3×6cmを約18枚分）

米粉　100g

A　アーモンドプードル　60g
　　ココナッツオイル　50g
　　砂糖　35g
　　無調整豆乳　35g
　　片栗粉　30g
　　塩　ひとつまみ

〈アパレイユ〉

バターピーナッツ（刻む）　60g

水あめ　40g

ココナッツオイル　30g

無調整豆乳　25g

黒糖　20g

準備

・オーブンを180℃に予熱する。天板にオーブン用シート
　を敷く。

・ココナッツオイルが固まっていたら、湯せんで溶かす。

作り方

1　フロランタン（P.44）と同様に作る。作り方3でアーモ
　　ンドスライスのかわりにバターピーナッツを加える。

オートミール＆セサミドロップクッキー

Oatmeal & Sesame Drop Cookies

香ばしいオートミールとごまがみっちりつまったヘルシーなクッキー。
忙しい日の朝ごはんがわりにもおすすめです。

材料（直径5cmを約12枚分）

米粉　30g
A｜白いりごま　20g
　｜オートミール　40g
　｜くるみ　20g
　｜ココナッツオイル　25g
　｜メープルシロップ　20g
　｜砂糖　20g
　｜無調整豆乳　15g
　｜塩　ひとつまみ

準備

・オーブンを170℃に予熱する。天板にオーブン用シートを敷く。
・くるみは大きいものは手で割る。
・ココナッツオイルが固まっていたら、湯せんで溶かす。

作り方

1　ボウルにAを入れ、泡立て器でよく混ぜる。米粉を加え、粉っぽさがなくなるまでゴムベラで混ぜる。

2　生地を大さじ1ほど天板にのせ、直径5cmほどの大きさになるように指で均等に広げる。
※指に生地がくっつくときは、指を水で濡らしておく。

3　170℃のオーブンで約20〜25分焼く（うっすらと焼き色がつくくらい）。網にのせて冷ます。

コーンフレーク＆チョコドロップクッキー

Cornflake & Chocolate Drop Cookies

ザクザク、ゴリゴリのジャンクな歯ごたえが最高！
冷たい牛乳と一緒にどうぞ。

材料（直径5cmを約10枚分）

米粉　30g
A｜植物油　30g
　｜砂糖　30g
　｜無調整豆乳　20g
　｜片栗粉　20g
　｜塩　ひとつまみ
コーンフレーク　30g
チョコチップ　30g

準備

・オーブンを170℃に予熱する。天板にオーブン用シートを敷く。

作り方

1　ボウルにAを入れ、泡立て器でよく混ぜる。

2　米粉を加えて粉っぽさがなくなるまでゴムベラで混ぜ、コーンフレークとチョコチップを加えてさらによく混ぜる。

3　生地を大さじ1ほど天板にのせ、直径5cmほどの大きさになるように指で均等に広げる。
※指に生地がくっつくときは、指を水で濡らしておく。

4　170℃のオーブンで約20〜25分焼く（うっすらと焼き色がつくくらい）。網にのせて冷ます。

米粉グラノーラ
Rice Flour Granola

オートミールの香ばしさ、ナッツのコク、レーズンの酸味を米粉でひとつに。
朝ごはんにも、おやつにも、たっぷり作って常備しておきたい一品です。

材料（天板1枚分）

A | オートミール　100g
　 | 好みのナッツ　60g
　 | ココナッツオイル　50g
　 | メープルシロップ　40g
　 | 米粉　30g
　 | 塩　小さじ1/2
レーズン　50g

準備

・オーブンを170℃に予熱する。天板にオーブン用シートを敷く。
・ナッツは粗く刻む。
・ココナッツオイルが固まっていたら、湯せんで溶かす。

作り方

1　ボウルにAを入れ、泡立て器でよく混ぜる。

2　天板に広げ、170℃のオーブンで約15分焼く。いったん取り出し、全体を混ぜてさらに15分焼く（オートミールに焼き色がつくくらい）。

3　熱いうちにレーズンを加えて混ぜる。

グラノーラバー
Granola Bars

栄養満点のグラノーラを、ぎゅっと固めてバーに変身させました。
持ち運び用の軽食に便利。かめばかむほどおいしい！

材料（3×9cmを約12本分）

A | オートミール　100g
　 | 好みのナッツ　60g
　 | ココナッツオイル　50g
　 | メープルシロップ　20g
　 | 米粉　30g
　 | 塩　小さじ1/2
レーズン　50g
マシュマロ　50g

準備

・オーブンを170℃に予熱する。天板にオーブン用シートを敷く。
・ナッツは粗く刻む。
・18×18cmほどのバットにオーブン用シートを敷く。

作り方

1　米粉グラノーラ（上記）を、メープルシロップを20g減らして同様に作る。

2　耐熱容器に1とマシュマロを入れ、600Wの電子レンジで1分加熱し、よく混ぜる。

3　熱いうちにバットにグラノーラを敷きつめる。オーブン用シートをのせ、手でしっかり押し付ける。

4　冷めたらバットから取り出し、包丁で約3×9cmの大きさに切る。

ブラックサンドクッキー

Black Sandwich Cookies

ビターなココアクッキーと、まろやかなバニラクリームの相性が最高！
ハートやスクエアなど、お好みの形でかわいく仕上げましょう。

材料（直径4.5cmを約12個分）

米粉　60g

A ｜アーモンドプードル　30g
　｜植物油　30g
　｜砂糖　30g
　｜無調整豆乳　20g
　｜純ココア　15g
　｜塩　ひとつまみ

〈バニラクリーム〉
クリームチーズ（常温）　50g
バニラオイル　数滴
砂糖　15g

準備

・オーブンを170℃に予熱する。天板にオーブン用シートを敷く。

作り方

1　バニラクリームを作る。ボウルにクリームチーズを入れゴムベラで練り、バニラオイルと砂糖を入れてよく混ぜる。

2　別のボウルにAを入れ、泡立て器でよく混ぜる。米粉を加えてゴムベラで混ぜ、手でひとかたまりにまとめる。

3　オーブン用シートにのせ、めん棒で3mmほどの厚さにのばす。好みの型で抜き、天板に並べる。

4　170℃のオーブンで約15分焼く。網にのせて冷まし、バニラクリームをはさむ。

メープルサンドクッキー

Maple Sandwich Cookies

卵なし / サクホロ

メープル香るサクサク生地で、メープル風味のホワイトチョコをサンド。
ゆったりしたティータイムに食べたい贅沢なクッキーです。

材料（3×3㎝を約10個分）

米粉　60g

A ｜ 植物油　40g
　｜ メープルシロップ　40g
　｜ アーモンドプードル　30g
　｜ 片栗粉　20g
　｜ 塩　ひとつまみ

〈メープルクリーム〉
ホワイトチョコレート　50g
メープルシロップ　10g

準備

・オーブンを170℃に予熱する。天板にオーブン用シートを敷く。

作り方

1　メープルクリームを作る。耐熱容器にホワイトチョコレートを入れ、600Wの電子レンジで20秒ずつ、様子を見ながら溶けるまで加熱する。メープルシロップを加えてよく混ぜる。

2　別のボウルにAを入れ、泡立て器でよく混ぜる。米粉を加えてゴムベラで混ぜ、ひとかたまりにまとめる。

3　生地を手で握るようにのばし、3×3㎝の四角い棒状に成形する。包丁で1㎝弱の厚さに切る。

4　天板に並べ、170℃のオーブンで約20分焼く（裏面にも焼き色がつくくらい）。網にのせて冷まし、メープルクリームをはさむ。

青のりだしクッキー

Green Laver Dashi Cookies

卵乳なし｜サクホロ

青のりとだしの旨味を堪能できる、しみじみと味わい深いクッキー。
米粉が得意とする「和」な組み合わせ！

材料（4×3cmを約15枚分）

米粉　45g

A
| 植物油　45g
| 無調整豆乳　30g
| アーモンドプードル　30g
| 片栗粉　20g
| 砂糖　10g
| 青のり　小さじ2
| ベーキングパウダー　小さじ1/2
| 粉末だし　小さじ1/2
| 塩　小さじ1/4

準備

・オーブンを170℃に予熱する。天板にオーブン用シートを敷く。

作り方

1　ボウルにAを入れ、泡立て器でよく混ぜる。米粉を加えてゴムベラで混ぜ、ひとかたまりにまとめる。

2　生地を手で握るようにのばし、4×3cmの四角い棒状に成形する。包丁で1cm弱の厚さに切る。

3　170℃のオーブンで約20分焼く（裏面にも焼き色がつくくらい）。網にのせて冷ます。

point
材料の「粉末だし」は、だしパックの中身を使用しています。素材の旨味だけでなく、カルシウムも丸ごとおいしくいただけます。

しょうゆごま油クッキー

Soy Sauce and Sesame Oil Cookies

卵乳なし｜サクホロ

ごま油の香ばしさが口いっぱいに広がります。しょうゆの塩気も絶妙。
サクサクッと小気味いい食感で、次々と手が伸びてしまいます。

材料（4×3cmを約15枚分）

米粉　45g

A
| アーモンドプードル　30g
| 植物油　25g
| ごま油　20g
| 片栗粉　20g
| 無調整豆乳　20g
| しょうゆ　10g
| 砂糖　10g
| ベーキングパウダー　小さじ1/2

準備

・オーブンを170℃に予熱する。天板にオーブン用シートを敷く。

作り方

1　ボウルにAを入れ、泡立て器でよく混ぜる。米粉を加えてゴムベラで混ぜ、ひとかたまりにまとめる。

2　生地を手で握るようにのばし、4×3cmの四角い棒状に成形する。包丁で1cm弱の厚さに切る。

3　170℃のオーブンで約20分焼く（裏面にも焼き色がつくくらい）。網にのせて冷ます。

チーズ黒こしょうクッキー

Cheese Black Pepper Cookies

チーズの塩気と、黒こしょうのピリッとした刺激がたまらないおつまみ系クッキー。
チーズがとろける焼きたてを食べられるのは、作った人の特権！

材料（直径3cmを約23枚分）

米粉　45g

A　植物油　40g
　　ピザ用チーズ　40g
　　牛乳　30g
　　アーモンドプードル　30g
　　片栗粉　20g
　　砂糖　10g
　　粗びき黒こしょう　小さじ1
　　ベーキングパウダー　小さじ1/2
　　塩　小さじ1/4

準備

・オーブンを170℃に予熱する。天板にオーブン用シート
　を敷く。

作り方

1　ボウルにAを入れ、泡立て器でよく混ぜる。米粉を
　　加えてゴムベラで混ぜ、ひとかたまりにまとめる。

2　生地を手で握るように棒状にのばし、直径3cmの円
　　柱に成形する。包丁で1cm弱の厚さに切る。

3　170℃のオーブンで約20分焼く（裏面にも焼き色がつく
　　くらい）。網にのせて冷ます。

point
スライスチーズを細かく切って加えてもOK。
その他、お好みのチーズでお試しください。
チーズがかわると食感もかわり、それぞれお
いしいです。

バナナピーナッツバタークッキー

Banana Peanut Butter Cookies

バナナの甘い香りと、ピーナッツバターのコクがおいしいカジュアルなクッキー。
ピーナッツのカリッとした歯ごたえがアクセントに。

材料(直径6cmを約12枚分)

米粉　70g
完熟バナナ　1本(正味50g)

A　　ピーナッツバター　30g
　　　アーモンドプードル　30g
　　　砂糖　20g
　　　バターピーナッツ(砕く)　20g
　　　植物油　10g
　　　塩　ひとつまみ

準備

・オーブンを170℃に予熱する。天板にオーブン用シートを敷く。

作り方

1　ボウルにバナナを入れてフォークでつぶし、Aを加えてゴムベラでよく混ぜる。

2　米粉を加え、粉っぽさがなくなるまでさらによく混ぜる。

3　生地を大さじ1ほど天板にのせ、直径6cmほどの大きさになるように指で均等に広げる。
　　※指に生地がくっつくときは、指を水で濡らしておく。

4　170℃のオーブンで約20分焼く(うっすらと焼き色がつくくらい)。網にのせて冷ます。

point
バナナは写真のように黒い斑点の出ているものがおすすめ。完熟して甘みが増しています。

アーモンドチュイール

Almond Tuiles

かめばかむほど、アーモンドと米粉のうまみが広がる軽やかなクッキーです。
コーヒーのお供や、アイスクリームのトッピングにおすすめ。

材料（直径4cmを約40枚分）

米粉　30g

A｜卵白　2個分（50g）
　｜砂糖　50g
　｜植物油　30g
　｜塩　ひとつまみ

アーモンドスライス　50g

準備

・オーブンを170℃に予熱する。天板にオーブン用シートを敷く。

作り方

1　ボウルにAを入れ、泡立て器でよく泡立てる。

2　米粉とアーモンドスライスを加え、ゴムベラで粉っぽさがなくなるまでよく混ぜる。

3　生地を小さじで1杯すくい天板にのせ、直径4〜5cmほどの大きさになるようにフォークで薄く広げる。

4　170℃で約12分焼く（全体がきつね色になるくらい）。網にのせて冷ます。

point
生地をなるべく薄く広げるのが、カリッとした軽い食感に焼き上げるコツ。全体にしっかり火が通り、きつね色になったら焼き上がりです。

はちみつハーブクッキー

Honey Herb Cookies

おいしそうな焼き色とカリッとした食感は、はちみつのおかげ。
じんわりとした甘さにハーブが香る、爽やかなクッキーです。

材料（直径4.5cmを約22枚分）

米粉　80g

A｜植物油　50g
　｜はちみつ　40g
　｜アーモンドプードル　30g
　｜片栗粉　30g
　｜好みのドライハーブ　小さじ2
　｜塩　ひとつまみ

準備

・オーブンを170℃に予熱する。天板にオーブン用シートを敷く。

作り方

1　ボウルにAを入れ、泡立て器でよく混ぜる。米粉を加えてゴムベラで混ぜ、ひとかたまりにまとめる。

2　オーブン用シートにのせ、めん棒で5mmほどの厚さにのばす。好みの型で抜き、天板に並べる。

3　170℃のオーブンで約20分焼く（全体がきつね色になるくらい）。網にのせて冷ます。

生クリームクッキー

Heavy Cream Cookies

サク
カリ

少ない材料で作れる、シンプル配合のクッキーです。
くるくる混ぜたらスプーンで天板にのせるだけ。お子さまのはじめてのクッキー作りにぴったりです。

材料（1.5×3cmを約35枚分）

米粉　60g
A　生クリーム　50g
　　全卵　1/2個分（25g）
　　砂糖　30g
　　塩　ひとつまみ

準備

・オーブンを170℃に予熱する。天板にオーブン用シートを敷く。

作り方

1　ボウルにAを入れ、泡立て器でよく混ぜる。米粉を加え、粉っぽさがなくなるまでゴムベラで混ぜる。

2　生地を大さじ1/2ほど天板にのせ、平らになるよう軽く広げる。

3　170℃のオーブンで約20分焼く（うっすらと焼き色がつくくらい）。網にのせて冷ます。

キャラメルクッキー

Caramel Cookies

サク
カリ

ほろにがいキャラメルソースを加えて大人の味に。
キャラメルソースはアイスクリームやパンにかけてもおいしいので、倍量作って冷蔵保存すると◎。

材料（1.5×3cmを約35枚分）

米粉　60g
A　全卵　1/2個分（25g）
　　塩　ひとつまみ

〈キャラメルソース〉

砂糖　45g
※グラニュー糖だと作りやすい

水　大さじ1/2
生クリーム　50g

準備

・オーブンを170℃に予熱する。天板にオーブン用シートを敷く。

作り方

1　キャラメルソースを作る。小鍋に砂糖と水を入れて火にかける（混ぜない）。

2　砂糖が溶け、フツフツと沸いて鍋の中が茶色くなってきたら、鍋ごと揺らして色を均一にする。火を止め、生クリームを加えてゴムベラでよく混ぜ、冷ます。
※はねやすいので、やけどに注意する。

3　生クリームクッキー（上記）の生クリームをキャラメルソース（全量）にかえ、同様に作る。

かぼちゃボーロ

Pumpkin Bolo

口の中でホロッとほどける、やさしい食感のボーロ。
ほっくりとしたかぼちゃの甘みがいきた、素朴で飽きのこない味わいです。

材料（直径 1cmを約40個分）

米粉　20g
片栗粉　50g
A　砂糖　20g
　　かぼちゃ　20g（正味）
　　ココナッツオイル　20g
　　塩　ひとつまみ

準備

・オーブンを150℃に予熱する。天板にオーブン用シートを敷く。
・かぼちゃは皮をむき、レンジか蒸し器でやわらかくしてつぶす。
・ココナッツオイルが固まっていたら、湯せんで溶かす。

作り方

1　ボウルにAを入れ、ゴムベラでよく混ぜる。

2　米粉、片栗粉を加えてさらに混ぜ、ひとかたまりにまとめる。耳たぶほどのかたさになればOK（生地がゆるいときは、米粉を小さじ1ずつ加えて調整する）。

3　少量を手で取り、1cmほどに丸めて天板に並べる。150℃のオーブンで約20分焼き（うっすらと焼き色がつくくらい）、網にのせて冷ます。

ほうれんそう&じゃがいもボーロ

Spinach Potato Bolo

じゃがいもベースのボーロなら、野菜パウダーでお好みの色&味をプラスできます。
野菜が苦手なお子さまのおやつにもってこい。

材料（直径 1cmを約40個分）

米粉　20g
片栗粉　50g
A　砂糖　20g
　　じゃがいも　20g
　　ココナッツオイル　20g
　　ほうれんそうパウダー　3g
　　塩　ひとつまみ

準備

・オーブンを150℃に予熱する。天板にオーブン用シートを敷く。
・じゃがいもは皮をむき、レンジか蒸し器でやわらかくしてつぶす。
・ココナッツオイルが固まっていたら、湯せんで溶かす。

作り方

1　かぼちゃボーロ（上記）と同様に作る。

point

お菓子の色づけに便利な野菜パウダー（製菓材料店で購入可能）。野菜そのものの風味をしっかりと感じられます。ほうれんそう以外にもいろんな野菜パウダーがあるので、お好きなものをお試しください。

「三笠産業 ほうれん草ファインパウダー」

さつまいもクッキー

Sweet Potato Cookies

味も見た目も、まるでさつまいもそのもの！
干しいものようなしっとり食感で、小さなお子さまでも食べやすいクッキーです。

材料（直径3cmを約15枚分）

米粉　20g

A　さつまいも　80g（正味）
　　メープルシロップ　15g
　　植物油　15g
　　片栗粉　10g
　　塩　ひとつまみ
紫いもパウダー　適量
黒いりごま　適量

準備

・オーブンを170℃に予熱する。天板にオーブン用シートを敷く。
・さつまいもは皮をむき、レンジか蒸し器でやわらかくしてつぶす。

作り方

1　ボウルにAを入れ、ゴムベラでよく混ぜる。

2　米粉を加えてさらに混ぜ、ひとかたまりにまとめる。耳たぶほどのかたさになればOK（生地がゆるいときは、米粉を小さじ1ずつ加えて調整する）。

3　生地を手で握るように棒状にのばし、直径3cmの円柱に成形する。紫いもパウダーを周りにまぶし、5mmほどの厚さに切る（崩れやすいのでおさえながら）。

4　天板に並べ、黒いりごまを散らす。170℃のオーブンで約20分焼き、網にのせて冷ます。

豆乳きなこクッキー
Soy Milk Kinako Cookies

卵乳なし ・ サクホロ

きなこをたっぷり混ぜ込んだ、香ばしいクッキー。
ほろりとしたやさしい食感で、温かい日本茶によく合います。

材料（直径4cmを約20枚分）

米粉　50g
A　きなこ　50g
　　植物油　40g
　　砂糖　30g
　　無調整豆乳　30g
　　塩　ひとつまみ

準備

・オーブンを170℃に予熱する。天板にオーブン用シート
　を敷く。

作り方

l　ボウルにAを入れ、泡立て器でよく混ぜる。米粉を
　　加えてゴムベラで混ぜ、ひとかたまりにまとめる。

l　オーブン用シートにのせ、めん棒で5mmほどの厚さに
　　のばす。好みの型で抜き、天板に並べる。

l　170℃のオーブンで約20分焼き、網にのせて冷ます。

メレンゲクッキー （ホワイト/ピンク）

Meringue Cookies（White / Pink）

サク、しゅわっと口の中ではかなく溶け、手が止まらなくなります。
卵白1個でたっぷり作れます。クッキー缶のすき間埋めにも活躍！

材料（直径1cmを約50個分）

米粉　20g
卵白　1個分（30g）
粉糖　30g
塩　ひとつまみ
※ピンクの場合は、米粉を5g減らし、
いちごパウダー5gを追加。

準備

・オーブンを120℃に予熱する。天板にオーブン用シート
　を敷く。
・絞り袋に1.5cmの星口金または丸口金をつける。

作り方

1　ボウルに卵白と粉糖、塩を入れ、ハンドミキサーでし
　　っかりとツノが立つまで泡立てる。

2　1に米粉（ピンクの場合はいちごパウダーも）を加え、泡を
　　つぶさないようにゴムベラで混ぜる。絞り袋に入れ、
　　天板に絞る。

3　120℃のオーブンで約50分焼く（裏面にうっすらと焼き
　　色がつくくらい）。網にのせて冷ます。
　　※湿気やすいので、冷めたらすぐに密閉容器で保管する。

point
クッキー缶をつめていてすき間ができてしま
ったら、小さなメレンゲクッキーがすき間埋
めに役立ちます。食感も軽いので、味の気分
転換にもぴったり。

01

「米粉」の種類を変えてみる

スーパーに並んだ、さまざまな種類の米粉。一見どれも同じように見えますが、実はひとつひとつ品種や製法が違っています。使う米粉によって、食感や風味が少しずつ変わってくるのも、米粉クッキーのおもしろさ。ぜひ、いろんな米粉で作ってみてください。

めずらしい米粉を試してみたい人におすすめなのが、最近人気が出てきた「玄米粉」で作るクッキーです。玄米粉とは、米を精白する前の玄米で作られた粉。玄米と同様に、精白米よりもビタミンやミネラル、食物繊維などの栄養素が多く含まれています。

使い方は、通常の米粉と同じ。クッキーにするとそこまで大きな違いはありませんが、米粉よりも若干香ばしく色づき、食感はザクッとした感じに仕上がります。粉になっているので玄米そのものより消化吸収がよく、栄養が気になるお子さまのおやつにもうってつけです。

「熊本製粉 グルテンフリー玄米粉」

part.2

バターで作る
米粉クッキー

口の中で崩れるような食感や豊かな香りは、
バターで作るクッキーの醍醐味です。
オイルよりほんの少し手間がかかりますが、
米粉は粉混ぜが楽なので、クッキー初心者でも上手に作れます。
また、溶かしたバターや、やわらかく練ったバター、
冷たいままのバターなど、混ぜ込むバターの状態によって
食感が変わるのもおもしろいところ。
何より、口の中いっぱいに広がるリッチな風味は、
何度でも作りたくなるすばらしさです。
特別な贈り物にもおすすめの、贅沢なクッキーです。

アイスボックスクッキー

Icebox Cookies

バターが豊かに香る、王道のおいしさ。
米粉で作れば、サクッと軽い食感のクッキーがテクニックいらずで実現します。

サク
ホロ

材料（直径3.5cmを約20枚分）

米粉　100g
A　｜バター（無塩）　50g
　　｜砂糖　40g
　　｜全卵　1/2個分（25g）
　　｜塩　ひとつまみ
グラニュー糖　大さじ3

準備

・オーブンを170℃に予熱する。天板に
　オーブン用シートを敷く。
・バターは常温におき、やわらかくする。

作り方

1　ボウルにAを入れ、ゴムベラで練ってなじませたあ
　と、泡立て器でよく混ぜる。

2　米粉を加えてゴムベラで混ぜ、ひとかたまりにまと
　める。

3　生地を手で握るように棒状にのばし、直径3.5cmの
　円柱に成形する。表面にグラニュー糖をまぶし、ラッ
　プで包み冷蔵庫で30分ほど冷やす。

4　包丁で1cmほどの厚さに切り、天板に並べる。170℃
　のオーブンで約20分焼き（裏面にも焼き色がつくくらい）、
　網にのせて冷ます。
　※包丁で切る際、生地がゆるくなったら、そのつど冷蔵庫で冷やす
　と扱いやすくなる。

アイスボックスクッキーアレンジ
抹茶のアイスボックスクッキー
Matcha Icebox Cookies

サク
ホロ

抹茶の香りをストレートに感じられるクッキーです。
製菓用の抹茶を使うと、色鮮やかなグリーンに仕上がります。

材料（直径3.5cmを約20枚分）

米粉　100g
A　│バター（無塩）　50g
　　│砂糖　40g
　　│全卵　1/2個分（25g）
　　│抹茶パウダー　5g
　　│塩　ひとつまみ

準備

・オーブンを170℃に予熱する。天板にオーブン用シート
　を敷く。
・バターは常温におき、やわらかくする。

作り方

1　アイスボックスクッキー（P.78）と同様に作る（グラニュ
　　ー糖はまぶさない）。

アイスボックスクッキーアレンジ
ココア＆アーモンドクッキー
Cocoa Almond Cookies

サク
ホロ

アーモンドスライスの食感と、ビターなココアが大人の組み合わせ。
チョコ好きなら、アーモンドスライスのかわりにチョコチップを入れるとますます濃厚に。

材料（直径3.5cmを約20枚分）

米粉　85g
A　│バター（無塩）　50g
　　│砂糖　40g
　　│全卵　1/2個分（25g）
　　│純ココア　10g
　　│塩　ひとつまみ
アーモンドスライス　30g

準備

・オーブンを170℃に予熱する。天板にオーブン用シート
　を敷く。
・バターは常温におき、やわらかくする。

作り方

1　アイスボックスクッキー（P.78）と同様に作る（グラニュー
　　糖はまぶさない）。作り方2で米粉と一緒にアーモンド
　　スライスを加える。

アイスボックスクッキーアレンジ

うずまきクッキー

Pinwheel Cookies

サク
ホロ

2色の生地を重ねて、うずまき模様のクッキーに仕立てました。
インパクト大のかわいさで、クッキーボックスの主役になってくれます。

材料（直径5cmを約25枚分）

〈プレーン生地〉
アイスボックスクッキー（P.78）
※グラニュー糖を除いて作る。

〈ココア生地〉
ココア＆アーモンドクッキー（P.80）
※アーモンドスライスを除いて作る。

準備

・オーブンを170℃に予熱する。天板に
　オーブン用シートを敷く。

作り方

1　それぞれの生地をオーブン用シートにのせ、およそ
　　18×18cmにのばす。

2　プレーン生地の上にココア生地をのせる。端から巻
　　いていき、軽く転がして形を整える。ラップで包み、
　　冷蔵庫で30分以上冷やす。

3　8mmほどの厚さに切り、天板に並べて170℃のオーブ
　　ンで約20分焼く。

アイスボックスクッキーアレンジ

マーブルクッキー

Marble Cookies

サク
ホロ

ちょっとおしゃれな雰囲気のマーブル模様のクッキー。
切るたびに表情がかわるのが楽しい!

材料(直径5cmを約25枚分)

〈プレーン生地〉
アイスボックスクッキー(P.78)
※グラニュー糖を除いて作る。

〈抹茶生地〉
抹茶のアイスボックスクッキー(P.80)

準備

・オーブンを170℃に予熱する。天板に
　オーブン用シートを敷く。

作り方

1　それぞれの生地を4つに分け、色が交互になるよう
　　にくっつけ、ひとつにまとめる。

2　生地を手でねじるようにしながら棒状にのばし、直
　　径5cmの円柱に成形する。ラップで包み、冷蔵庫で
　　30分以上冷やす。

3　8mmほどの厚さに切り、天板に並べて170℃のオーブ
　　ンで約20分焼く。

アメリカンクッキー

American Cookies

ザクザクのバタークッキーに、ねっとり濃厚なチョコレート。おいしくないわけがない、
最強の組み合わせ！ あっという間に仕上がるので、お腹をすかせたお子さまのおやつにもぴったり。

ザク
ザク

材料（直径8cmを約9枚分）

米粉　80g

A　｜　バター（無塩）　50g
　　｜　砂糖　40g
　　｜　全卵　1/2個分（25g）
　　｜　アーモンドプードル　20g
　　｜　ベーキングパウダー　小さじ1/2
　　｜　塩　ひとつまみ

チョコレート（粗く割る）　30g

準備

・バターは耐熱容器に入れ、600Wの
　電子レンジで30秒ずつ、様子を見な
　がら完全に溶けるまで加熱する。
・オーブンを160℃に予熱する。天板に
　オーブン用シートを敷く。

作り方

1　ボウルにAを入れ、泡立て器でよく混ぜる。

2　米粉とチョコレートを加えてゴムベラで混ぜ、ひとか
　　たまりにまとめる。

3　生地を大さじ1ほど天板にのせ、直径8cmほどの大き
　　さになるように指で均等に広げる。

4　160℃のオーブンで約25分焼く（うっすらと焼き色がつ
　　くくらい）。網にのせて冷ます。

アメリカンクッキーアレンジ

抹茶＆ホワイトチョコクッキー

Matcha White Chocolate Cookies

ほろにがい抹茶に、甘いホワイトチョコのコントラストが最高！
お好みでくるみやカシューナッツを加えてもおいしいです。

材料（直径8cmを約9枚分）

米粉　80g

A｜バター（無塩）　50g
　｜砂糖　40g
　｜全卵　1/2個分（25g）
　｜アーモンドプードル　20g
　｜ベーキングパウダー　小さじ1/2
　｜抹茶パウダー　5g
　｜塩　ひとつまみ

ホワイトチョコレート　30g

準備

・バターは耐熱容器に入れ、600Wの電子レンジで30秒
　ずつ、様子を見ながら完全に溶けるまで加熱する。

・オーブンを160℃に予熱する。天板にオーブン用シート
　を敷く。

作り方

1　アメリカンクッキー（P.84）と同様に作る。作り方2で
　チョコレートのかわりにホワイトチョコレートを加え
　る。

アメリカンクッキーアレンジ

コーヒー＆アーモンドクッキー

Coffee Almond Cookies

コーヒーとバター香る生地に、ボリボリ食感のアーモンド。
淹れたてのコーヒーと一緒に楽しみたい、食べ応え満点のクッキーです。

材料（直径8cmを約9枚分）

米粉　80g

A｜バター（無塩）　50g
　｜砂糖　40g
　｜全卵　1/2個分（25g）
　｜アーモンドプードル　20g
　｜インスタントコーヒー　大さじ1
　｜ベーキングパウダー　小さじ1/2
　｜塩　ひとつまみ

アーモンド（粗く刻む）　30g

準備

・バター（無塩）とインスタントコーヒーは耐熱容器に入れ、
　600Wの電子レンジで30秒ずつ、様子を見ながら完全
　に溶けるまで加熱する。

・オーブンを160℃に予熱する。天板にオーブン用シート
　を敷く。

作り方

1　アメリカンクッキー（P.84）と同様に作る。作り方2で
　チョコレートのかわりにアーモンドを加える。

パイ風クッキー

Pie Cookies

サク
ホロ

バターを練らず粒状に混ぜ込むことで、空気の層ができて軽やかな食感に。
岩塩をキリッときかせた、シャンパンにも合うアミューズ風クッキーです。

材料（5×5cmを約9枚分）

米粉　70g
バター（無塩）　40g
全卵　1/2個分（25g）
塩　小さじ1/2弱
岩塩　適量

準備

・オーブンを170℃に予熱する。天板に
　オーブン用シートを敷く。
・バターは1cm角に切り、直前まで冷蔵
　庫で冷やしておく。

作り方

1　ボウルに米粉、塩を入れ、泡立て器で混ぜる。バタ
　　ーを加え、スケッパーでバターが粒状になるよう切
　　り混ぜる。

2　ボウルの中が粉チーズのようになるまで手ですり合
　　わせる（バターが溶けてくるようだったら冷蔵庫で冷やす）。

3　全卵を加え、ゴムベラで混ぜてひとかたまりにまと
　　める。

4　オーブン用シートにのせ、めん棒で5mmほどの厚さに
　　のばす。包丁で5cmの正方形に切り、岩塩を散らす。

5　170℃のオーブンで約30分焼く（うっすらと焼き色がつ
　　くくらい）。網にのせて冷ます。

ガレットブルトンヌ

Galette Bretonne

サク
ホロ

ホロホロと崩れるような食感と、豊かなバターの風味。
贅沢な気分に浸れる、特別な贈り物にぴったりのクッキーです。

材料（直径4.5cmを約11個分）

バター（無塩）　60g

A　米粉　60g
　　アーモンドプードル　40g
　　砂糖　35g
　　塩　ひとつまみ

卵黄　1個

準備

・オーブンを170℃に予熱する。天板にオーブン用シート
　を敷く。
・バターは1cm角に切り、直前まで冷蔵庫で冷やしておく。

作り方

1　ボウルにAを入れ、泡立て器でよく混ぜる。

2　バターを加え、スケッパーでバターが粒状になるよ
　　う切り混ぜる。

3　ボウルの中が粉チーズのようになるまで手ですり合
　　わせる（バターが溶けてくるようだったら冷蔵庫で冷やす）。

4　卵黄を加え、ゴムベラで混ぜてひとかたまりにまと
　　める。

5　オーブン用シートにのせ、めん棒で1cmほどの厚さに
　　のばす。好みの型で抜き、天板に並べる。

6　ハケで生地の表面に溶いた卵黄（分量外）を塗り、フ
　　ォークで模様をつける。170℃のオーブンで約20分
　　焼く（裏面にも焼き色がつくくらい）。網にのせて冷ます。

point
フォークを使って、格子状の模様を入れるの
がガレットブルトンヌのならわし。表面に塗っ
た卵黄のおかげで、ツヤッとおいしそうな焼
き色がつきます。

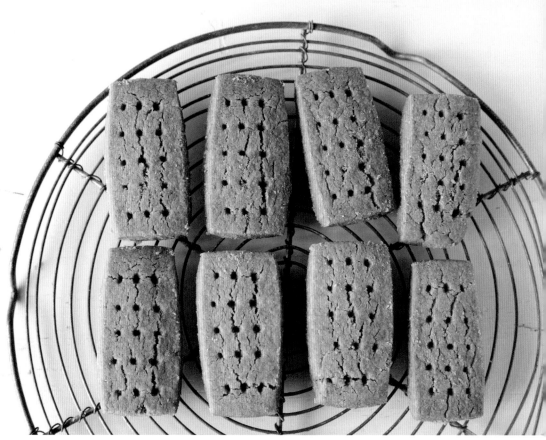

パルメザンショートブレッド

Parmesan Shortbreads

サクッとほおばった瞬間に、口いっぱいに広がるチーズの濃厚な香り。
バターと空気をたっぷり抱き込んだ、軽い食感のクッキーです。

材料（2×5cmを約14個分）

米粉　80g

A ┃ バター（無塩）　60g
　┃ 砂糖　30g
　┃ 粉チーズ　20g
　┃ ベーキングパウダー　小さじ1/2
　┃ 塩　ひとつまみ

ピンクペッパー　適量

準備

・オーブンを160℃に予熱する。天板にオーブン用シートを敷く。
・バターは常温におき、やわらかくする。

作り方

1　ボウルにAを入れ、ゴムベラで練ってなじませたあと、泡立て器でよく混ぜる。

2　米粉を加えてゴムベラで混ぜ、手でひとかたまりにまとめる。

3　オーブン用シートにのせ、めん棒で1.5cmほどの厚さにのばす。包丁で約2×5cmに切り、フォークで模様をつける。ピンクペッパーを散らし、指で軽くおさえる。

4　天板に並べ、160℃のオーブンで約30分焼く（裏面にも焼き色がつくくらい）。網にのせて冷ます。

ほうじ茶ショートブレッド

Hojicha Shortbreads

バターの風味とほうじ茶の渋みが絶妙にマッチ！
紅茶パウダー、ココア、抹茶などに置き換えてもOKです。

材料（2×5cmを約14個分）

米粉　80g

A ┃ バター（無塩）　60g
　┃ 砂糖　30g
　┃ アーモンドプードル　20g
　┃ ほうじ茶パウダー　小さじ1
　┃ ベーキングパウダー　小さじ1/2
　┃ 塩　ひとつまみ

準備

・オーブンを160℃に予熱する。天板にオーブン用シートを敷く。
・バターは常温におき、やわらかくする。

作り方

1　パルメザンショートブレッドと同様に作る（ピンクペッパーは散らさない）。

アイスボックスクッキーアレンジ

レーズンバターサンド

Rum Raisin Cream Sandwich Cookies

（しっとり）

濃厚なバタークリームとラムレーズンをたっぷりはさんだ、とびきりリッチなクッキーです。
クッキーがしっとりとクリームになじんで、ほおばればたちまち幸せに。

材料（直径3×6cmを約11個分）

米粉　100g

A｜バター（無塩）　50g
　｜砂糖　40g
　｜全卵　1/2個分（25g）
　｜塩　ひとつまみ

〈レーズンバター〉
レーズン　20g
ラム酒　20g
バター（無塩）　50g
ホワイトチョコレート　30g

準備

・レーズンとラム酒を合わせ、一晩寝かしておく。

・バターは常温におき、やわらかくする。

・ホワイトチョコレートは耐熱容器に入れ、600Wの電子レンジで20秒ずつ、様子を見ながら溶けるまで加熱する。

作り方

1　アイスボックスクッキー（P.78）と同様に生地を作る（グラニュー糖はまぶさない）。作り方3で生地をオーブン用シートにのせ、めん棒で5mmほどの厚さにのばす。

2　包丁で約3×6cmに切り、天板に並べる。170℃のオーブンで約20分焼き（裏面にも焼き色がつくくらい）、網にのせて冷ます。

3　レーズンバターを作る。ボウルにバターとホワイトチョコレートを入れよく混ぜ、冷蔵庫で少しかたくなるまで冷やす。ラムレーズン（ラム酒は切る）を加えてよく混ぜる。

4　クッキーにレーズンバターをたっぷりはさむ。密閉容器に入れ、冷蔵庫で30分以上冷やす。

point
アルコールがNGな場合は、ラム酒のかわりにレーズンをシロップ（水と砂糖を同量混ぜ、電子レンジで溶かす）に浸けてください。

ハワイアンクッキー（ホワイト）

サク
ホロ

Hawaiian Cookies（White）

生地にココナッツを混ぜ込んだ、南国気分のクッキーです。
サクホロ食感とココナッツの甘い香りが、コーヒーによく合います。

材料（5×8cmを約9個分）

米粉　80g
A｜バター（無塩）　40g
　｜砂糖　30g
　｜全卵　1/2個分（25g）
　｜片栗粉　20g
　｜ココナッツファイン　20g
チョコレート　25g
ココナッツファイン　適量

準備

・オーブンを170℃に予熱する。天板にオーブン用シートを敷く。
・バターは常温におき、やわらかくする。
・チョコレートは耐熱容器に入れ、600Wの電子レンジで20秒ずつ、様子を見ながら溶けるまで加熱する。

作り方

1　ボウルにAを入れ、ゴムベラで練ってなじませたあと、泡立て器でよく混ぜる。

2　米粉を加えてゴムベラで混ぜ、ひとかたまりにまとめる。

3　オーブン用シートにのせ、めん棒で5mmほどの厚さにのばす。好みの型で抜き、天板に並べる。

4　170℃のオーブンで約20分焼く（全体がきつね色になるくらい）。網にのせて冷ます。

5　クッキーの端にチョコレートをかけ、ココナッツファインを散らす。チョコレートが固まるまで冷蔵庫で冷やす。

ハワイアンクッキー（ブラック）

サク
ホロ

Hawaiian Cookies（Black）

ビターなココアと、甘いホワイトチョコが贅沢な味わい。
コリッとしたマカダミアナッツの食感もたまりません。

材料（5×8cmを約9個分）

米粉　70g
A｜バター（無塩）　40g
　｜砂糖　30g
　｜全卵　1/2個分（25g）
　｜片栗粉　20g
　｜純ココア　10g
　｜マカダミアナッツ（刻む）　20g
ホワイトチョコレート　25g

準備

・オーブンを170℃に予熱する。天板にオーブン用シートを敷く。
・バターは常温におき、やわらかくする。
・ホワイトチョコレートは耐熱容器に入れ、600Wの電子レンジで20秒ずつ、様子を見ながら溶けるまで加熱する。

作り方

1　ハワイアンクッキー（ホワイト・上記）と同様に作る。作り方5でチョコレートのかわりにホワイトチョコレートをかける。

「よろこばれる」 クッキーボックスの作り方

POINT 1. 誰に贈る？

クッキーボックスを作り始める前に、どんな人に贈るのかをイメージしてみましょう。家族や友達、または普段お世話になっている人でしょうか。贈る人の顔を思い浮かべれば、大人っぽいイメージにしよう、めずらしいクッキーでおどろかせよう……など、作りたいクッキーのコンセプトが浮かんでくるはずです。

POINT 2. 何を作る？

贈る人が決まれば、つめるクッキーも決まってきます。スイーツ好きの人なら、バターたっぷりのクッキーや、チョコの入ったリッチなクッキー。お菓子よりお酒が好きな人なら、オイルで作る塩系のクラッカー……といった具合に。はたまた、贈る人をイメージしてクッキーの色や形を決めるのも素敵です。

POINT 3. 何につめる？

贈る人、作るクッキーが決まったら。あとはクッキーをつめる入れ物です。定番の缶はもちろん、紙箱や、プラスチック容器、お弁当箱だってかまいません。
さあ、さっそく世界でひとつだけのクッキーボックスを作ってみましょう。

クッキーボックス作りの準備とスケジュール

左ページのクッキーボックスを作るのにかかった作業時間は、なんとたったの3時間！
かんたん・手軽な米粉クッキーなら、たくさんの種類のクッキーを焼くのも
お安い御用。贈り物にぴったりのクッキーボックスが、すぐに作れるようになりますよ。

数日前〜前日

計画図を作る、材料をそろえる

クッキーボックスを作ろうと思いついたら、まずは左ページのPOINT 1~3をふまえて、どんな内容にするか計画をしましょう。入れ物とクッキーの種類が決まったら、だいたいのサイズも決めておくと箱にぴったりとつめることができます。材料のチェックもお忘れなく。

30 min

数日前〜前日

バターのクッキーを仕込む

バターのクッキー生地はしっかり冷やす方がきれいに焼き上がるので、前日までに仕込んで冷蔵庫で冷やしておくのがおすすめです。もちろんオイルのクッキーも、事前に仕込んで冷蔵庫に入れ、当日焼くだけにしておいてもOKです。

1 h

当日

バターのクッキーを焼く

仕込んでおいたバターのクッキーを天板に並べてオーブンへ。その間に、オイルのクッキーを仕込んでおきましょう。バターのクッキーが香ばしく焼き上がったころには、オイルのクッキー生地も完成。あっという間に、何種類ものクッキーができ上がります。

1 h

当日

クッキーを冷ましてボックスにつめる

焼き上がったクッキーを冷ましている間に後片付けを。キッチンがきれいになったら、楽しい箱つめタイムのはじまりです。つめ方のコツは、P.100で紹介しています。

10~30 min

クッキーボックスの基本のつめ方

クッキーが焼き上がったら、あとは箱につめるだけ。基本のコツさえ意識すれば、
売り物のようにきれいに仕上がります。ぴったりとクッキーが箱に収まる瞬間は、
なんともいえずワクワクしますよ。

1 まず、ボックスの底と側面にオーブン用シート（または耐油性の緩衝材）を敷き
込みます。米粉クッキーは湿気やすいので、底に乾燥剤（P.104で解説）を入れ
るのも忘れずに。**2** 大きいクッキーから順につめていきます。粉糖やチョコレ
ートなど、はがれやすいコーティングのされているものは、他のクッキーを汚
さないようにそっとつめましょう。**3** 小さなクッキーは最後につめてすき間を
埋めます。小さく作った絞り出しクッキー（P.24）やボーロ（P.68）、メレンゲクッ
キー（P.72）などはすき間埋めに便利。**4** 最後に、オーブン用シートや耐油性
の緩衝材をのせ、フタをします。持ち運んだり、宅配便などで送ったりすると
きに、クッキーが衝撃で崩れてしまうのを防いでくれます。

色々な形の箱につめてみる

クッキーボックスといえば長方形の箱がスタンダードですが、
丸や細長い形の箱も意外とつめやすく、おしゃれに仕上がります。
箱やつめ方を変えるだけで、がらりと雰囲気が変わりますね。

丸い紙箱にランダムにクッキーを
つめて、和菓子の〝ふきよせ〟風に。
フタを開けた人の、「わあ！」とよろ
こぶ顔が見えるようです。

細長い箱に、1～2種類のクッキ
ーをずらりとつめるのも大人っ
ぽい。特に、アーモンドチュイ
ール(P.62)やパイ風クッキー
(P.88)のような薄いクッキーが
似合います。

1種類だけをつめるなら、箱とクッキーのサイ
ズをぴったり合わせて作ると美しく仕上がりま
す。まるで老舗洋菓子店のギフトのよう。

TIPS 3

クッキーボックスにテーマをもたせる

ここでは、テーマを設定して3つのクッキーボックスをつめてみました。
つめるクッキーが変わるだけで、何百通りものクッキーボックスが生まれます。
ぜひ、自由にテーマをもたせて、自分だけのクッキーボックスを作ってみてください。

A. 特別な日のクッキーボックス

バレンタインやクリスマス、誕生日プレゼントなどの特別な日の贈り物に。フロランタンやブラックサンドクッキーなど、ナッツやチョコレートの贅沢な風味が楽しめるクッキーを選びました。ピンクのスノーボールが華やかなアクセントに。

フロランタン（P.44）、ココア＆アーモンドクッキー（P.80）／スノーボールクッキーいちご（P.38）／ココアカルダモンクッキー（P.26）／ブラックサンドクッキー（P.52）／コーヒーカシューナッツビスコッティ（P.43）

B. 子どもにやさしいクッキーボックス

お子さまのいる家庭にプレゼントするなら、見た目がかわいいのはもちろん、味や素材がやさしいクッキーを選びたいものです。野菜ボーロやさつまいもクッキーは、素朴な味わいで子どもにも大人気。誕生日なら、お子さまの年齢の数字に抜いた型抜きクッキーを添えて。

バナナピーナッツバタークッキー（P.60）／生クリームクッキー、キャラメルクッキー（P.66）／さつまいもクッキー（P.70）／うずまきクッキー（P.82）／オイルの型抜きクッキー（P.20）／スノーボールクッキー（P.36）／かぼちゃボーロ、ほうれんそう＆じゃがいもボーロ（P.68）

C. 大人がよろこぶ クッキーボックス

大人向けの贈り物には、塩系のクッキーを中心にセレクト。クラッカーやパイ風クッキーは、ワインのおつまみにもぴったりです。ごまや青のりなど和の素材を使ったものや、スパイスやハーブを混ぜ込んだクッキーもおしゃれでよろこばれます。

ごまフロランタン（P.46）／パルメザンショートブレッド（P.92）／米粉クラッカー（P.32）／パイ風クッキー（P.88）／はちみつハーブクッキー（P.64）／チーズ黒こしょうクッキー（P.58）／青のりだしクッキー（P.56）

ボックス以外のラッピング

箱を使わない手軽なラッピングアイデアをご紹介。身近な材料で、
クッキーに少しおめかししてあげましょう。ちょっとした贈り物や、
バレンタインなどのイベント時のばらまきプレゼントに便利です。

PET筒

気密性に優れたPET製の筒状容
器。衝撃から守ってくれるので、も
ろいクッキーにも最適です。シー
ルを貼ったり、布で包んだりして
オリジナリティを出すのも◎。製
菓材料店で入手可能。

OPP袋

少ない量のクッキーを包むのに便
利なOPP袋。崩れるのが心配な
場合は、マチのあるOPP袋に、紙
カップなどの容器ごと包めば安心
です。製菓材料店や、100円ショ
ップで入手可能。

瓶

クッキーをたっぷりつめた瓶は、そ
のままかざっておきたくなるかわ
いさです。ビスコッティのように長
さのあるクッキーや、グラノーラに。
スノーボールクッキーなどのもろ
いクッキーにもぴったり。

紙で包む

すぐに食べてもらえるときは、紙
でラフに包むのもおしゃれ。油染
みにならないよう、耐油性のグラ
シン紙や、クッキングシートを選ん
でください。

おいしく長もちさせるために

米粉は小麦粉よりも水分を吸収しやすく、湿気に弱い性質です。特に梅雨〜
夏場は要注意。焼き上がったクッキーが冷めたらすぐに、乾燥剤（写真左）と
一緒に密封容器に入れましょう。OPP袋は、クリップシーラー（写真右）で口
をとじると密閉効果がよりアップします。

part.3 | クッキー生地で アレンジデザート

ザクザクとした歯ごたえに、米粉の甘み、香ばしさ。
そのまま食べておいしい米粉クッキーを、
ひと工夫のアレンジで絶品デザートに変身させましょう。
たとえば、コンビニのアイスクリームに
砕いた米粉クッキーを混ぜ込むだけでも、
食感と風味が加わって特別なデザートに早変わり。
多めに作って冷凍しておいたクッキー生地は、
タルト台としても活用できます。ほんのひと手間かけるだけで、
クッキーが華やかなデザートに大変身。あまったり、
湿気てしまったりしたクッキーの救済にもぴったりです。

チョコレートタルト

Chocolate Tart

クッキー生地を型に敷き込めば、サックサクのタルト生地に早がわり。
中に流し込むフィリングをアレンジすれば、さまざまなタルトが楽しめます。

材料（18cmタルト型1台分）

米粉　100g

A | バター（無塩）　50g
　 | 砂糖　40g
　 | 全卵　1/2個分（25g）
　 | 塩　ひとつまみ

〈チョコレートフィリング〉

生クリーム　100g
チョコレート　100g
バター（無塩）　50g

準備

・オーブンを180℃に予熱する。
・チョコレートを粗く刻む。バターを1cmの角切りにする。

作り方

1　アイスボックスクッキー（P.78）の作り方2まで進める。

2　1をタルト型に入れ指でのばす。

3　180℃のオーブンで約15分焼く。焼き上がったら網にのせて冷まし、型から外す。

4　チョコレートフィリングを作る。生クリーム、チョコレート、バターを耐熱容器に入れてふんわりとラップをかけ、600Wの電子レンジで1分半加熱する。

5　チョコレートフィリングが温かいうちに3に流し込み、冷蔵庫で冷やし固める。好みでココア（分量外）をふるいかける。

point
バレンタインなど大人数に配る際は、小さなタルト型で作るのがおすすめ（レシピの分量で8個分）。写真ではOPP袋にレースペーパーを入れて、おめかししています。

マッシュポテトと
ブルーチーズのサーモンタルト

Salmon Tart with Blue Cheese Mashed Potatoes

サクサクのパイ風生地をおつまみタルトにアレンジ。
ぽってりとしたマッシュポテトにブルーチーズが香って、ついお酒が進んでしまうおいしさです。

材料（18cm大）

米粉　70g
バター（無塩）　40g
全卵　1/2個分（25g）
塩　小さじ1/2弱
岩塩　適量

〈フィリング〉
じゃがいも　2個（200g）
バター（無塩）　10g
ブルーチーズ　30g
牛乳　50g
塩・こしょう　適量
スモークサーモン　60g

準備

・オーブンを180℃に予熱する。天板にオーブン用シートを敷く。
・じゃがいもの皮をむき、6等分に切る。

作り方

1　パイ風クッキー（P.88）の作り方3まで進める

2　フィリングを作る。じゃがいもを耐熱容器に入れ、ラップをかけて600Wの電子レンジで5分加熱する。温かいうちにバターとブルーチーズを加え、つぶしながらよく混ぜる。牛乳、塩・こしょうを入れさらによく混ぜる。

3　1をオーブン用シートにのせ、めん棒で直径18cmほどの円状にのばす。

4　ふちから4cmほど残して2をのせ広げ、ふちを手で折り込む。スモークサーモンをのせ、180℃のオーブンで約30分焼く。

point
ブルーチーズの独特の塩気が、じゃがいもとよくマッチします。ブルーチーズの香りが苦手な方は、カマンベールチーズやピザ用チーズにかえるとマイルドに。

クラッカーディップ （いぶりがっこ/生ハム/サーモン）

Cracker Dip（*Iburigakko / Prosciutto / Salmon*）

軽いクラッカー系のクッキーによく合う、3種のディップです。
あっという間に作れるので、突然のおもてなしにもぴったり。

材料（作りやすい分量）

〈いぶりがっこディップ〉
いぶりがっこ　50g
クリームチーズ　50g

〈生ハムディップ〉
生ハム　50g
クリームチーズ　50g
好みのハーブ　適量

〈サーモンディップ〉
サーモン　50g
クリームチーズ　50g
黒こしょう、好みのハーブ　適量

作り方

1　いぶりがっこはみじん切りにする。生ハムとサーモン
　　はそれぞれブレンダー（またはフードプロセッサー）でか
　　くはんする。

2　それぞれをクリームチーズとよく混ぜる。器に盛って
　　ハーブ、黒こしょうをかざり、好みのクッキーを添える。

おすすめのクッキー
・米粉クラッカー（P.32）
・パイ風クッキー（P.88）
シンプルな塩系クッキーと合わせて、アペ
タイザーとしていただきます。もちろん、カ
リッと焼いたバゲットにもよく合います。

ブルーベリーレアチーズケーキ

Blueberry Rare CheeseCake

ザクザクのクッキーとクリームチーズは相性抜群！
あまったクッキーを冷凍しておけば、いつでも気軽にレアチーズケーキが楽しめます。

材料（2人分）

好みのクッキー　50g
ブルーベリージャム　50g
クリームチーズ　200g
砂糖　50g
生クリーム　50g
レモン汁　小さじ2

準備

・クッキーは粗く砕く。
・クリームチーズは常温におき、やわらかくする。

作り方

1　ボウルにクリームチーズと砂糖を入れゴムベラでよく混ぜ、生クリームとレモン汁を加え、さらによく混ぜる。

2　器にクッキー、1の半量、ブルーベリージャム（半量）、クッキー、1の残りの順番でのせ、最後にブルーベリージャムの残りをかざる。冷蔵庫で30分以上冷やす。

おすすめのクッキー

・オイルの型抜きクッキー（P.20）
・オートミール＆セサミドロップクッキー（P.48）
・アイスボックスクッキー（P.78）

どんなクッキーにも合うので、あまったり湿気てしまったりしたクッキーのアレンジに最適。ザクッとハードな食感のクッキーで作るのもおすすめです。

ミックスインアイスクリーム

Mix-In Ice Cream

クッキーが微妙にあまったときはコレ！
アイスクリームにクッキーとフルーツを混ぜ込んだ、最高にハッピーなサンデーです。

材料（2人分）

好みのアイスクリーム　200g
好みのクッキー　100g
冷凍マンゴー　100g
冷凍ブルーベリー　100g

準備

・クッキーは大きめに砕く。冷凍マンゴーは大きいものは
　半分に切る。
・器を冷蔵庫で冷やしておく。

作り方

1　ボウルに材料をすべて入れ、ゴムベラやスプーンで
　　よく混ぜ、器に盛る。
　　※途中でアイスクリームが溶けてきてしまったら、一度冷凍庫に入
　　れて冷やす。

クッキーアイスサンド

Cookie Ice Cream Sandwiches

ザクザクのクッキーにアイスクリームをはさんだ、アメリカンなデザート。
大きく口を開けて、豪快に召し上がれ！

材料（2人分）

アメリカンクッキー（P.84、P.86）　適量
好みのアイスクリーム　適量

作り方

1　アメリカンクッキー1枚にアイスクリームをワンスク
　　ープのせ、もう1枚ではさむ。
　　※すぐに食べない場合は、ラップで包んで冷凍保存も可能。

ビスケットケーキ

Biscuit Cake

ビスケットと生クリームをラフに重ねて、ショートケーキ風に。
絵本に出てくるような可憐なルックスに心ときめきます。

材料（直径9cmを1台分）

米粉　80g

A　砂糖　40g
　　植物油　35g
　　全卵　1/2個分（25g）
　　アーモンドプードル　20g
　　片栗粉　10g
　　塩　ひとつまみ

B　生クリーム　200ml
　　砂糖　大さじ1

いちご　適量

準備

・生クリームは直前までよく冷やしておく。

作り方

1　オイルの型抜きクッキー（P.20）を作る。オイルの型
　　抜きクッキーの作り方3で、直径9cmの丸型で4枚抜
　　き、同様に焼く。

2　ボウルにBを入れ、ハンドミキサーでツノが立つま
　　で泡立てる（室温が高いときは氷水にあてて作業する）。

3　1と2を交互に重ねる。最後にいちごをかざる。

　　※冷蔵庫で30分ほど冷やすと、クッキーがしっとりして切り分けや
　　すくなる。

ビスケットティラミス

Biscuit Tiramisu

豆腐ベースのクリームはヘルシーなうえ、言われても分からないほどに濃厚クリーミー！
あまったクッキーと豆腐でササッと作れる、とっておきのデザートです。

材料（20cm角型1台分）

絹豆腐　200g
クリームチーズ　200g
はちみつ　50g
砂糖　30g
好みのクッキー　150g
ブラックコーヒー（濃いめに淹れたもの）
　　100g
純ココア　適量

準備

・絹豆腐はキッチンペーパーで包み、水気を切る。
・クリームチーズは常温におき、やわらかくする。
・バットにコーヒーを入れてクッキーを浸しておく。

作り方

1　ボウルにクリームチーズ、はちみつ、砂糖を入れゴ
　　ムベラでなめらかになるまで混ぜる。絹豆腐を加え、
　　泡立て器でよく混ぜる。

2　器にクッキーと1を交互に重ねる。最後にココアをふ
　　りかける。

おすすめのクッキー
・オイルの型抜きクッキー（P.20）
・アイスボックスクッキー（P.78）
・抹茶のアイスボックスクッキー（P.80）
コーヒーの香りをいかすため、フレーバー
のついていないクッキーがおすすめ。また、
コーヒーのかわりに抹茶で作ってもおいし
いです。

アップルクランブル

Apple Crumble

トースターでりんごを焼くだけでできる、お手軽なおやつです。
好みでアイスクリームをのせて、あつあつ＆ひやひやを楽しんでも。

材料（2人分）

りんご　1/2個分
砂糖　大さじ1
好みのクッキー　50g

準備

・りんごは芯を除き、5mmほどの厚さにスライスする。
・クッキーは粗く砕く。

作り方

1　耐熱容器にりんごを並べる。全体に砂糖をふりかけ、
　　砕いたクッキーをのせる。

2　トースターで約10分、りんごがしんなりするまで焼く。

おすすめのクッキー
・オイルの型抜きクッキー（P.20）
・シナモンジンジャークッキー（P.23）
・クランベリースパイスビスコッティ（P.42）
・米粉グラノーラ（P.50）
・アイスボックスクッキー（P.78）
やさしいりんごの酸味に、クッキーの香ば
しさがよく合います。シナモンなどのスパ
イス系クッキーが好相性。

チョコレートサラミ

Chocolate Salami

ザクザク、ゴロゴロ、さまざまな食感が楽しいサラミの形のチョコレートです。
火を使わず作れるので、お子さまの手作りバレンタインにもおすすめ!

材料（1本分）

好みのチョコレート　100g
生クリーム　15g
くるみ　10g
レーズン　10g
ドライクランベリー　10g
マシュマロ　10g
好みのクッキー　40g

準備

・くるみは粗く刻む。クッキーは粗く砕く。

作り方

1　耐熱容器にチョコレートと生クリームを入れ、600W
　　の電子レンジで20秒ずつ、様子を見ながら溶けるま
　　で加熱する。

2　残りの材料をすべて加え、よく混ぜながらあら熱を
　　とる。

3　クッキングシートの上に細長くのせ、シートごと端か
　　らくるくると巻く。直径3cmほどの円柱に整え、巻き
　　終わりを下にして冷蔵庫で冷やし固める。

point

あまったクッキーやドライフルーツ、ナッツや
マシュマロなど、好きな素材で作ってくださ
い。大人向けには、ラム酒を小さじ1加えると
味にグッと高級感が出ます。

03

米粉クッキーの「おいしい」保存方法

クッキーをたくさん作って保存しておけば、いつでもおいしい米粉クッキーが食べられます。
ここでは、焼いたあとのクッキーと、焼く前のクッキー生地の保存方法をご紹介します。

PATTERN | 焼成〝後〟の生地を保存する

できたての米粉クッキーはサクサクなのに、時間がたつとかたくなってしまった……という声をよく耳にします。実はそれは「湿気」のせい。米粉は小麦粉よりも水分を吸収しやすいので、湿気に弱いという特徴があります。

しかし、しっかりと湿気対策をしてあげれば、できたてのおいしさは長もち。乾燥剤を多めに入れて密閉容器で保存すれば、数日間はサクサク食感が持続します。

保存期間 3〜5日間

室温保存

焼いてから数日間で食べきる場合はこちら。保存袋や密閉容器に、乾燥剤を一緒に入れて保存。真空保存容器に入れたり、OPP袋に入れてシーラーで圧着させたりすると、さらに密閉効果がアップします。

保存期間 冷蔵1週間、冷凍1ヶ月

冷蔵・冷凍保存する

夏場や、長期間の保存に向いているのはこちら。数枚ずつラップで包むかOPP袋に入れ、密閉容器で冷蔵・冷凍保存。温度差で結露が発生する場合があるので、乾燥剤も入れておくとより安心です。

Q クッキーが湿気てしまいました。

A 一度湿気てしまったクッキーは、軽く焼き直すのがおすすめです。トースター、または180℃のオーブンで2分ほど加熱。水分が飛び、香ばしさが復活します。

Q 贈り物として配送するときは、クール便がいいですか?

A 手作りのクッキーの場合、夏場など気温の高い時期はクール便が安心です。それほど暑くない季節(20℃前後)なら、常温で配送しても問題ないでしょう。

Q チョコがけやアイシングのクッキーも冷凍できますか?

A できます。気温や湿度が高いとチョコやアイシングは劣化する可能性があるため、夏場は冷凍保存がおすすめです。パリッとしたまま保存できますよ。

PATTERN 2　焼成〝前〟の生地を保存する

いつでも焼きたてのクッキーが食べたい、という方は、焼く直前の状態の生地を冷蔵・冷凍保存するのがおすすめです。クッキーボックスを作るなど、たくさんの種類のクッキーを焼く際も便利。少しずつ生地を仕込んで保存し、一気に焼くだけにしておけば当日の作業が楽になります。冷蔵の場合は酸化しやすいので2日程度、冷凍の場合は1ヶ月程度の保存が可能です。

かたまりの生地を
冷蔵・冷凍保存する

アイスボックスクッキーなど包丁でスライスして仕上げるクッキーは、切る直前のかたまりの状態できっちりとラップで包み、冷蔵・冷凍可能。いつでも好きな分だけカットして焼けるので、とても便利です。冷凍庫から取り出した直後はかたくてきれいにスライスできないため、20分ほど室温においてから切りましょう。

のばした生地を
冷蔵・冷凍保存する

型抜きクッキーや包丁でカットするクッキーは、生地をのばした状態で冷蔵・冷凍可能。取り出す際に折れてしまわないよう、バットやまな板にのせてからきっちりとラップで包み、保存しましょう。のばした状態だとかさばる場合は、かたまりのまま保存してもOKです。常温に少し置いてやわらかくしてから軽く練り直し、めん棒でのばして成形しましょう。

Q 冷凍した生地を一度に使い切らず、何回かに分けて焼いてもいいですか？

A OKです。しかし、何度も冷凍〜解凍を繰り返すと生地から水分が出て変性してしまうので、一度解凍した生地は使い切るか、使う分だけ切り離して解凍するようにしてください。

Q 室温で解凍していたら、やわらかくなりすぎてしまいました。

A 冷蔵や冷凍した生地を室温に戻す際、うっかり放置しすぎると生地の弾力性が弱まってしまうことがあります。再び冷蔵庫で冷やせば扱いやすくなりますが、完全に油脂が溶けてしまうと生地が変性し、食感が悪くなることも。夏場は特に注意しましょう。

Q 絞り出しクッキー生地も保存できますか？

A できます。絞り出した状態で保存したい場合は、オーブン用シートを敷いたバットの上に生地を絞り出し、そのまま冷凍庫へ。完全に固まってから保存容器に移せば、型崩れせずに保存できます。絞り出す前の、保存袋に入れた状態でも保存可能。冷凍の場合は解凍し、軽くもみほぐしてから絞り出してください。

高橋ヒロ（たかはし・ひろ）

米粉専門家、フードコーディネーター。米粉専門教室「hiro-cafe」主宰。株式会社ビーヘルス取締役社長。親の転勤で幼少期は日本中を転々としさまざまな食文化に触れる。大学を卒業後大手旅行会社、IT企業等に勤務。傍らで料理を学びフードコーディネーターとしての活動を始めたが、自身の子どものアレルギーをきっかけに、食育、特に米粉の活用に取り組むように。のちに、社会における米粉の重要性を認識し料理の世界に専念。米粉のセミナーや講座、企業の商品開発、レシピ提供を中心に活動中。著書に『まいにち米粉 パンと料理とお菓子』（池田書店）、『卵アレルギーの子どものためのおいしいおやつとごはん』（成美堂出版）、『作業時間10分米粉100%のパンとレシピ』（イカロス出版）など。

料理アシスタント	増田かおり＋sue＋小西君枝
デザイン	三木俊一＋髙見朋子（文京図案室）
撮影	福井裕子
スタイリング	木村遥
編集協力	よしもとこゆき＋高本亜紀
協力	株式会社波里
	共立食品株式会社
	熊本製粉株式会社
	三笠産業株式会社
校正	株式会社ぷれす

かんたん、おいしい
米粉のクッキー

著　者	高橋ヒロ
発行者	池田士文
印刷所	三共グラフィック株式会社
製本所	三共グラフィック株式会社
発行所	株式会社池田書店
	〒162-0851
	東京都新宿区弁天町43番地
	電話03-3267-6821（代）
	FAX 03-3235-6672

落丁・乱丁はお取り替えいたします。
©Takahashi Hiro 2021, Printed in Japan
ISBN 978-4-262-13068-2

[本書内容に関するお問い合わせ]
書名、該当ページを明記の上、郵送、FAX、または当社ホームページお問い合わせフォームからお送りください。なお回答にはお時間がかかる場合がございます。電話によるお問い合わせはお受けしておりません。また本書内容以外のご質問などにもお答えできませんので、あらかじめご了承ください。本書のご感想についても、弊社HPフォームよりお寄せください。
[お問い合わせ・ご感想フォーム]
当社ホームページから
https://www.ikedashoten.co.jp/

24017511